AF311683

Estampes Anciennes

DES ÉCOLES ANGLAISE ET FRANÇAISE

DU XVIIIe SIÈCLE

DESSINS

EAUX-FORTES MODERNES

LITHOGRAPHIES

Pièces sur les MÉDECINS et relatives à l'EMPIRE
et à là RESTAURATION

AVRIL 1906

COMMISSAIRE-PRISEUR

Me **MAURICE DELESTRE**, 5, rue Saint-Georges

EXPERT

M. LOUIS BIHN, 61, rue La Boëtie
Assisté de ses fils **PAUL** et **HENRI BIHN**

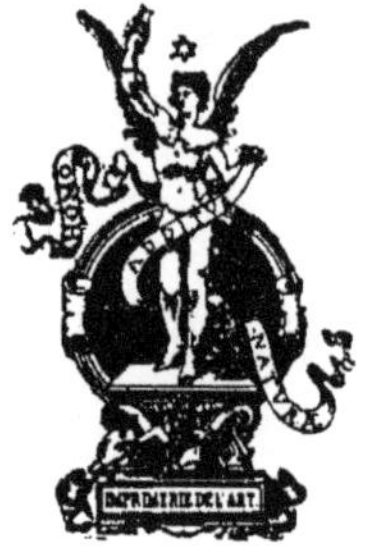

IMPRIMERIE DE L'ART

CATALOGUE

DES

Estampes Anciennes

Des Écoles Anglaise et Française

DU XVIIIe SIÈCLE

DESSINS

EAUX-FORTES MODERNES

LITHOGRAPHIES

Pièces sur les MÉDECINS et relatives à l'EMPIRE
et à la RESTAURATION

Dont la vente aura lieu

HOTEL DROUOT, SALLE N° 10

Les Mercredi 4, Jeudi 5 et Vendredi 6 Avril 1906

A DEUX HEURES

COMMISSAIRE-PRISEUR

Me MAURICE DELESTRE, 5, rue Saint-Georges

EXPERT

M. LOUIS BIHN, 61, rue La Boëtie
Assisté de ses fils **PAUL** et **HENRI BIHN**

CONDITIONS DE LA VENTE

La vente sera faite expressément au comptant.

Les adjudicataires paieront *dix pour cent* en sus des enchères.

L'expert se réserve, dans l'intérêt de la vente, de réunir ou diviser les lots ; il remplira, aux conditions d'usage, les commissions que voudraient lui confier les amateurs ne pouvant assister à la vente.

L'ordre numérique du Catalogue sera suivi.

EXPOSITION PARTICULIERE

Chez M. Louis BIHN, 61, rue La Boëtie, les lundi 2 et mardi 3 avril 1906, de neuf heures du matin à sept heures du soir.

ORDRE DES VACATIONS

Mercredi 4 Avril 1906 . . . . 1 à 174
Jeudi 5 Avril 1906 . . . . 175 à 349
Vendredi 6 Avril 1906 . . . . 350 à 522

Paris. — Imprimerie de l'Art, E. Moreau et Cie, 41, rue de la Victoire.

DÉSIGNATION

AÉROSTATION

1 — *The thee favorite aerial travellers*, par Bartolozzi,
d'après Rigaud.

2 — *An exact representation of M*r *Lunardi's new bal-
loon*, manière noire. — *Maquina aerostatica con-
struida*, par el Capitan Dr Vincente Lunardi.
   Deux pièces.

3 — *Vol-à-tire d'ailes*, coloriée. — *Expérience du globe
aérostatique*, de MM. Charles et Robert. — *The
ascent of the aerial ballon.*
   Trois pièces.

4 — *Tour de Calais.* — *Representation of the air ballon
of M*r *Montgolfier in the field of Mars near Paris.*
   Deux pièces.

5 — *Expérience aérostatique faite à Versailles le 19 septembre 1783.* — *Seconds voyageurs aériens*, expérience de MM. Charles et Robert, aux Tuileries, le
1er décembre 1783.
   Deux pièces.

ALDEGREVER (H.)

6 — *Hercule et Anthée.* (B. 93.)

7 — *Histoire d'Ammon et de Thamar.* (B. 22, 28.)
   Sept pièces.

ALDEGREVER (H.)

8 — *Rhea Sylvia.* (B. 66.)

9 — *Les Travaux d'Hercules* (B. 84, 86, 89, 92, 93 et 94.)

> Six pièces de la suite.

10 — *Titus Manlius.* (B. 72.)

ALMANACH

11 — *Le deceintrement du pont de Neuilly-sur-Seine, le 22 septembre 1772, à Paris*, chez La Chaussée. Gr. in-fol.

12 — *Mariage de Leurs Altesses Serénis Monseigneur le prince de Conty et de Mlle de Chartres. etc.*, à Paris, chez Jollain.

13 — *Les Cérémonies qui se font à Rome, à l'ouverture de la Porte-Sainte, pour le grand Jubilé*, par N. Bonnart. Gr. in-fol.

AMÉRIQUE

14 — *Cartes. — Vues et sujets divers*, en noir et en couleurs.

> Quinze pièces.

15 — *Vues et sujets divers intéressant l'Amérique.*
> Vingt-trois pièces.

16 — *Les Différentes nations de l'Amérique*, par Loire, et trois autres pièces faisant suite.

17 — *Benjamin West*, par Holloway. — *James Cook*, par Thorton. — *Christophe Colomb*, par Mercury.
> Trois pièces.

18 — *Franklin, Lafayette.*
> Quinze pièces différentes.

AMÉRIQUE

19 — *Danse des nègres dans l'île de Saint-Dominique.*
— *Canadiens au tombeau de leur enfant, etc.*
   Cinq pièces.

20 — *Déclaration de l'indépendance de l'Amérique. —*
Oncle Tom's cabin, etc.
   Onze pièces.

21 — *William Penn's treaty with tho Indians,* par Hall.
— *The death of the great Wolf,* par Gillray, coloriée.
   Deux pièces.

22 — *Franklin,* par de Carmontelle.

23 — *Le Roi d'Albion. — Le Roi de la Floride.*
   Deux pièces, par Jollain.

ANONYME

24 — *Les Quatre saisons.*
   Jolies petites pièces en bistre.

BOSIO

25 — *Le Lever des ouvrières en linge. — Le Coucher des*
ouvrières en linge.
   Deux pièces faisant pendants, coloriées, petites déchirures.

BOUTONS

26 — *Garniture de boutons à la Révolution du 14 juillet 1789.*
   Jolie petite pièce rare, imprimée en couleurs.

CARICATURES

ADAM (Albert)

27 — *Tribulations parisiennes et campagnardes.*
Suite de seize litho., titre, couverture de publication, chez Hautecœur.

BEAUMONT

28 — *Au Bal masqué.*
Suite complète de trente litho. coloriées, titre et couverture de publication, chez Martinet.

29 — *La Civilisation aux Iles Marquises.*
Suite de vingt-deux pièces coloriées, couverture de publication.

3o — *Nos Jolies Parisiennes.*
Suite de trente pl., titre et couv. de publication, chez Martinet.

CHAM

3ı — *L'Art de réussir dans le monde.*
Suite de vingt litho., plus un titre, couverture de publication. Paris, chez Martinet.

32 — *Le Charivari*, années 1842-43-44 et 46, 8 vol.

COMBA

33 — *Le Bout de mon crayon.*
Suite de vingt-quatre pièces, couverture de publication.

CŒURÉ

34 — *Mœurs du XIXe siècle*, nos ı et 3.
Deux pièces aquatinto en couleurs, par Jazet.

DAMOURETTE

35 — *Penseurs et propos.*
Suite complète de douze litho., à Paris, chez Martinet, Hautecœur, couverture de publication.

GAVARNI

36 — *La Vie d'un jeune homme.*
Suite complète de trente-six litho., chez Aubert et Cⁱᵉ. (Ar. B. 971 à 997.)

37 — *Masques et visages.*
Deux cent cinquante pl. en deux vol.

38 — *Les Débardeurs.*
Suite complète de soixante-six pièces.

39 — *Baliverneries parisiennes.*
Suite complète de vingt-quatre pièces, couverture de publication, chez Aubert et Cⁱᵉ.

40 — *Musée grotesque.*
Onze pièces coloriées.

RANDON

41 — *Les Petites misères.*
Vingt litho., plus le titre, couverture de publication, chez Martinet.

42 — *Suprême Bon temps*, sept pièces. — *Goût du jour,* deux pièces. — *Garde à vous,* une pièce.
Toutes coloriées.

43 — *Caricatures politiques.*
Neuf pièces coloriées.

44 — *Caricatures politiques,* de l'époque de Charles X.
Vingt-trois pièces.

BYRON (Daprès)

45 — *A Visit to the convent at Amiens. — Returning from a review at the Champ de Mars in Paris.*
Deux caricatures coloriées.

BYRON

46 — *Comning out of a country theatre*, caricature.

GILLRAY (James)

47 — *The works of J. Gillray, London*, chez Bohn.
Grand in-fol.

Deux vol. reliés, contenant, l'un 582 pl., l'autre 45 pl.

MASON (D'après)

48 — *City sportsmen*, aquatinte, par Wills, caricature.

49 — *Caricatures anglaises.*

Quatorze pièces sur les costumes de la Révolution.

CHATILLON

50 — *Vues différentes de villes et châteaux.*
Neuf pièces.

51 — *Vues de différentes villes et châteaux.*
Huit pièces.

COSTUMES

52 — *Costumes civils et militaires* de la Monarchie française, depuis 1200 jusqu'à 1820, par Hte Lecomte.

Trois cent soixante-dix-neuf litho. coloriées, cartonnées,
en cinq vol. in-4°.

53 — *Duhamel.*

Douze planches en noir et en couleurs.

54 — *Costumes français*, chez Chereau.

Douze très jolies pièces Empire, coloriées.

55 — *Redingote d'alpaga. — Costumes français, etc.*

Cinq pièces coloriées, publ. par Jean et Basset.

COSTUMES

56 — *Galeries des Modes et Costumes français*, ouvrage
commencé en 1778, dessins d'après nature, par Leclerc,
Desrais, Watteau fils, etc., gravés par Dupin, Voysard,
Patas, etc. Première suite pour les coiffures. Pl. 1, 2,
3 et 5.
> Quatre pièces coloriées.

57 — Deuxième cahier pour les coiffures. Pl. 7, 8, 9, 10
et 12.
> Cinq pièces coloriées.

58 — Troisième cahier pour les coiffures. Pl. 13, 14, 15,
16, 17 et 18.
> Cahier complet de six feuilles coloriées.

59 — Quatrième cahier pour les coiffures. Pl. 20, 21,
22 et 23.
> Quatre pièces coloriées.

60 — Cahier P. P. Planche 224.
> Une pièce coloriée.

61 — Cahier 1, 2, 3.
> Quinze planches différentes, en noir.

62 — Cahier OO, pl. 218, 219, 220, 221, 222.
> Cinq planches en noir.

63 — Dix planches en noir, de différents cahiers.

64 — Douze planches de différents cahiers, en noir et en
couleurs.

65 — *La Brillante toilette de la déesse du Goût.* —
L'Incendie des coiffures, etc.
> Cinq pièces satiriques sur les modes.

66 — *Troupes françaises. — Troupes étrangères.*
> Vingt-trois pièces coloriées, publiées chez Martinet.

67 — *Costumes militaires Wurtembergeois.*
> Neuf pièces en couleurs.

DANSE

68 — *Les Coulisses de l'Opéra.* — *Christmas gambols.*
— *Beautés dansant*, etc.
Trois pièces dont deux en couleurs.

DANSE (Gravures relatives à la)

69 — *La Polkamanie*, par Vernier, quatre pièces. —
Mazurka composé, etc., par Sorien, d'après Colin.
En tout dix litho.

DANSE

70 — *O connaisseur.* — *The favorite instrument.* — *O
new ball*, etc.
Trois belles caricatures anglaises, en noir et en couleurs.

71 — Lot de trente-cinq gravures, litho, en noir et en
couleurs, ayant trait à la danse.

DESSINS

ADAM (V.)

72 — *Entrée de Charles X à Reims.*
Aquarelle.

ANONYME

73 — *Eventail*, peint des deux côtés à la gouache, danse
napolitaine et vue du Vésuve.

74 — Gouache en forme d'éventail, vue de Naples et du
Vésuve.

BERICOURT

75 — *Manifestation des Femmes de la Halle.*
Aquarelle.

FRAGONARD (Attribue a

76 — *Bacchanales*.
   Deux pièces.

LECOMTE (H.)

77 — *Costumes militaires*.
   Neuf aquarelles.

78 — *Militaires*, par Bellangé, Lami, etc.
   Douze pièces, aquarelles, etc.

PILS (J.)

79 — *Etudes de Femmes mauresques*, rehaussées d'aquarelle.
   Quatre pièces.

80 — *Esquisses de costumes militaires*.
   Six pièces.

ROWLANDSON

81 — *La Conscience du criminel*, aquarelle, pièce capi-
   tale.

82 — *Comparaison de figures humaines avec celles des
   animaux*.
   Trois aquarelles.

83 — *Going to the land*.
   Aquarelle signée et daté *1788*.

84 — *L'Antiquaire au lit. — Luxure indienne*
   Deux aquarelles.

SINGLETON

85 — *Education*.
   Aquarelle encadrée.

SAINT-IGNY

86 — *Costumes*, époque Louis XIII.
  Ces costumes ont été gravés par Ab. Bosse.

87 — Sous ce numéro, seront vendus un grand nombre
  de dessins anciens et modernes.

DIVERS

88 — *Eventails*, cinq pièces dont quatre coloriées.

EAUX-FORTES MODERNES

BRACQUEMOND (F.)

89 — *Baudelaire* (B. 11). — *Baudelaire* (B. 12).
  Deux pièces, épreuves d'artistes.

90 — *Portrait de Théophile Gautier* (B. 50), avec le
  monument.
  Epreuve d'état.

91 — *Portrait de A. Legros* (B. 73).
  Epreuve d'artiste, sur japon.

92 — *Les Taupes*. (B. 134.)
  Epreuve d'artiste.

93 — *Grand croquis de paysage inachevé*. (B. 160.) Sur
  cette planche se trouve le portrait esquissé de Balzac,
  par Gavarni.
  Epreuve rare.

94 — *Le Bastion 84*. (B. 197.) — *Bicêtre et les Hautes
  Bruyères*. (B. 198.) — *La Route d'Italie*. (B. 199.)
  Trois pièces, épreuves d'artiste.

95 — *Vaches au bord de l'eau*, d'après Cuyp. (B. 291.) —
  Habitation rustique, d'après Van Ostade. (B. 292.), etc.
  Trois pièces, épreuves d'artiste.

CHAMPOLION (C.)

96 — *L'Embarquement pour Cythère*, d'après Watteau.
Epreuve sur parchemin.

DORÉ (G.)

97 — *Fumés pour illustrations des œuvres de Rabelais.*
Vingt-trois pièces.

FORTUNY

98 — *Arabes assis.*
Epreuve d'artiste.

99 — *Etude d'homme*, eau-forte inédite.
Epreuve d'artiste.

100 — *Fillettes dans un salon japonais*, eau-forte inédite.
Epreuve d'artiste.

101 — *Playa*, eau-forte inédite.
Epreuve d'artiste.

102 — *Torero andalou*, eau-forte originale, inédite.
Epreuve d'artiste.

MACBETH (R.)

103 — *Rêverie. — Jeune Mère. — Le Troupeau. —
Automne*, etc.
Quatorze pièces, épreuves d'artiste, sur japon.

MEISSONIER (E.)

104 — *Le Fumeur.*
Epreuve sur chine.

105 — *Polichinelle.*
Quatre épreuves, états différents.

MEISSONIER (D'après)

106 — *1814*, par Jules Jacquet.
Encadrée.

MEISSONIER (D'après)

107 — *1807*, par J. Jacquet.
Sur chine, encadrée.

108 — *La Lecture chez Diderot.*
Epreuve d'artiste, sur japon.

109 — *Le Liseur*, par Carey, 3 épreuves. — *Le Biblio-phile*, par E. Gervais, etc.
Six pièces.

MÉRYON (Ch.)

110 — *Son Portrait*, d'après Flameng. — *Titre.* — *Ministère de la Marine.* — *Tourelle de la rue de l'Ecole de Médecine.*
Quatre pièces.

111 — *Lecomte* (Casimir), d'après G. Boulanger.
Epreuve parchemin, deux pièces.

O'CONNOR

112 — *Paysages.*
Neuf pièces, épreuves d'artiste.

113 — *Portraits.*
Neuf pièces, épreuves d'artiste.

RAJON (P.)

114 — *Hélène Forman.* — *Henriette d'Angleterre.* — *Le Concert*, d'après Metzu, etc.
Cinq pièces.

RAJON

115 — *Portraits.*
Cinq pièces différentes.

RIDLEY (M.-W.)

116 — *Portraits.* — *Marines.* — *Paysages*, sujets divers.
Onze pièces, épreuves d'artiste.

ÉCOLE ANGLAISE

BARTOLOZZI (F.)

1 17 — *Lady Catherine Beauclerk.*
Pièce imprimée en bistre, d'après Cotes

118 — *Henrietta Frances, viscountess Duncannon*, d'après
La Coutesse Spencer.
Imprimée en bistre.

119 — *A Sacrifice to Cupid*, d'après Cipriani.
Imprimée en couleurs.

120 — *Love ant honor*, d'après Bunbury.
Deux pièces rondes, imprimées en bistre, faisant pendants, remargées.

121 — *Love and fortune*, d'après Cipriani.
Imprimée en couleurs.

BEDINGFIELD (D'après Lady)

122 — *I have lost my way*, par H. Richter.
Imprimée en couleurs, encadrée.

BELL

123 — *Infancy*, mezzo-tinto.
Imprimé en couleurs.

BENWELL (D'après)

124 — *La Beauté de Saint-Gilles*, par Clavareau.
Pièce imprimée en couleurs.

BIGG (D'après W.-R.)

125 — *The farewell or Harvestman going out. — Wel
come home or the harvestman's return.*
Deux pièces faisant pendants, manières noires, encadrées.

BONNEFOY

126 — *Innocent recreation.* — *Animal affection*, d'après Miller.

> Deux pièces faisant pendants, imprimées en couleurs.

CHALON (D'après)

127 — *The countess Trancarville.* — *The countess of Falmouth.*

> Deux pièces du 1er état, faisant pendants.

CIPRIANI (D'après)

128 — *La Prudence.* — *La Fortune*, etc.
> Trois pièces en bistre.

COTES (D'après)

129 — *Maria Lady Broughton.*
> Manière noire, par Finlayson.

130 — *Élisabeth, Dutchess of Hamilton*, par Miller.
> Manière noire.

COUSINS (H.)

131 — *The Honble Lady Cust.*
> Belle manière noire, d'après Middleton.

COUSINS (S.)

132 — *Lady Lynahurst.*
> Manière noire, d'après Lawrence.

DAWE (Hy.)

133 — *Princess, Charlotte of Saxe Coburg*, d'après G. Dawe.
> Manière noire.

DAWE et LANDSEER (D'après)

134 — *Little Red. — Ridding-hood. — Juliet*, etc.
Trois pièces.

DRUMMOND (D'après)

135 — *Gaiety*, par Williamson.
Imprimé en couleurs.

136 — *Angelica and Medoro. — Blind mans buff. — Nymphes.*
Trois pièces imprimées en bistre.

137 — *Artémise*, d'après Ang. Kauffmann. — *Scène d'intérieur.*
Deux pièces en couleurs.

138 — *Count de Guines, the french ambassador.*
Manière noire.

ÉCOLE ANGLAISE (Divers)

139 — *The newsmongers*, scène de village.
Manière noire.

140 — *Lady Catherine Poislet.*
Petite pièce ovale imprimée en couleurs.

141 — *The wood girl. — The hop girl*, par Levilly.
Deux pièces encadrées imprimées en couleurs.

142 — Quatorze petits sujets, etc., par divers artistes.

143 — Seize petits sujets et portraits, par divers artistes.

EARLOM (R.)

144 — *A Game market*, d'après Snyders.
Manière noire.

145 — *Mars et Vénus. — Faith. — Fortune*
Trois pièces.

146 — *Tête de Femme*, d'après Cipriani.
Imprimée en noir et rouge.

FRYE

147 — *Queen Charlotte.*
Manière noire.

GREEN (V.)

148 — *Fidelia and Spiranza*, d'après B. West.
Mezzo-tinto.

HAMILTON (D'après)

149 — *Caroline of Lichtfield*, par Jones et Robertson.
Deux pièces faisant pendants.

HAYTER (D'après)

150 — *Miss Sommerville*, par Lewis.

HOGARTH

151 — *The enraged musicien. — The distrest poet.*, etc.
Quatre pièces.

152 — *Industry and idleness.*
Suite de douze pièces.

153 — *Rake's progress.*
Six pièces de la suite.

154 — *Stage of cruelty.*
Suite de quatre pièces.

INSKIPP (D'après)

155 — *Études d'après natures, figures de jeunes filles.*
Deux pièces faisant pendants, par Wagstaff.

JACKSON (D'après)

156 — *Georgina, duchess of Devonshire*, par Meyer.

JONES (D'après Ch.)

157 — *The Princess of Wales*, par L. Agar.

KAUFFMANN (D'après (A.)

158 — *Elisabeth Vernon, countess of Harcourt*, par
Bartolozzi.

KNIGHT

159 — *The garden of Carleton-House with then apolitan
ballad singers.*
Imp. en bistre.

LAWRENCE

160 — *Mrs. Blorham. — Lawrence's mother.*
Deux pièces, rehaussées de couleurs.

161 — *Lady Hamilton. — Lady Lonsdale.*
Deux pièces faisant pendants, rehaussées de couleurs.

162 — *Master Rouland Blorham.*
Épreuve, imp. sur Chine, rehauts de couleurs.

LAWRENCE (D'après)

163 — *Lady Peel.*
Manière noire, par Gilles.

LELY (D'après)

164 — *Mrs. Anne Montague.*
Manière noire.

LOUTHERBOURG (D'après de)

165 — *A view of the black-lead mine in Cumberland*, par
C. Prestel.
Deux pièces, une en couleurs.

MᶜARDELL

166 — *Lavergne* (Mˡˡᵉ, nièce de M. Liotard), d'après
Liotard.
Manière noire.

MORLAND (D'après)

167 — *Scènes de la vie rurale.*

> Quatre pièces faisant suite, en couleurs.

168 — *Histoire de Lætitia.*

> Suite de six pièces imp. en bistre, par Bartolotti. Marges
> non ébarbées.

169 — *Morning, or thoughts on amusement for the evening.*

> Pièce ovale, imprimée en couleurs.

MORLAND ET SINGLETON (D'après)

170 — *Dancing dogs. — L'Égarement et la Dissipation,*
par Levilly et Darcis.

> Deux pièces.

NUTTER

171 — *A Mothers holiday*, d'après J. Russel.

NUTTER ET OGBORNE

172 — *Princess Mavy. — Princess Sophia*, d'après Ramberg.

> Deux pièces faisant pendants.

OPIE (D'après)

173 — *Judith atiring*, par Sharpe. — *What you will*, par
Levilly.

> Deux pièces.

PAYE (D'après)

174 — *The boy discovering the golden eggs. — The boy
disappointed of his treasure.*

> Deux manières noires faisant pendants, par Young.

PIERSON

175 — *Children bird nesting.*
Pièce ovale, imprimée en couleurs.

PORTES (D'après)

176 — *England. — Scotland*, par Barnard.
Deux jolis portraits d'enfants, imprimés en couleurs.

REYNOLDS (D'après S.-J.)

177 — *The Affectionate brothers*, par Bartolozzi.
Épreuve en bistre.

178 — *Barbara, Countess of Coventry*, par Watson.
Mezzo-tinto.

179 — *Angelica Kauffman*, par Bartolozzi.

180 — *Angels, portrait of Lady Isab. Ker Gordon, in five position*, par W. Ward.
Mezzo-tinto.

181 — *Frances Isabella Ker Gordon.*
Superbe pièce en couleurs, par G. Simon.

182 — *Lady Élisabeth Montague*, par Mc. Ardell.
Mezzo-tinto.

183 — *Muscipula*, par J. Jones.

184 — *Hannibal. — The carefult sheperdess*, etc.
Cinq pièces, manière noire.

REYNOLDS (S.-W.)

185 — *The right Honble. Mrs. Agar Ellis*, d'après Jackson.

186 — *Madame Grassini*, d'après Mad. Le Brun.
Manière noire.

RUSSEL (D'après)

187 — *Betsy in trouble*, par Schiavonetti.
Imprimée en couleurs.

RYLAND (W^me Wynne)

188 — *Faith. — Hope*, d'après Ang. Kauffmann.
Deux pièces rondes, faisant pendants, imprimées en bistre.

SAY (W.)

189 — *Harriot and Sophia, daughters of Ch. Hague, professor of music.*
Mezzo-tinto.

SCHIAVONETTI

190 — *Caroline princess of Wales*, d'après Dulkan.

SHERWIN et VENDRAMINI

191 — *Miss Decam. — Mrs Hartley*.
Deux jolis portraits d'actrices.

SINGLETON (D'après)

192 — *Nurture. — Education*, par Bond et Godby.
Deux pièces imprimées en couleurs.

SMITH (J.-R.)

193 — *Mrs Armstrong. — Mrs Fitz-William*
Deux pièces, manières noires.

194 — *Miss Carter.*
Manière noire.

SMITH (J.-R.)

195 — *Charlotte at the tomb of Werter.*
Piéce ronde, imprimée en bistre.

196 — *Les Deux amis.*
Manière noire.

SMITH (D'après J.-R.)

197 — *A lecture on gadding.* — *The moralist*, par Bartollozzi et Nutter.
Deux pièces faisant pendants, imprimées en couleurs, encadrées.

STOTHARD (D'après)

198 — *From the ballad of the children in the wood*, par Collyer.
Imprimée en couleurs.

199 — *Lear et Cordelia.* — *The village wanderer.*
Deux pièces en couleurs.

TURNER (C.)

200 — *Miss Duncan*, d'après Harlow.
Mezzo-tinto.

WARD (W.)

201 — *Her highness the Princess Victoria*, d'après Fowler.
Manière noire.

202 — *Monsieur de Saint-Georges*, d'après Brown.
Mezzo-tinto en couleurs.

WESTALL (D'après)

203 — *La Petite Chasse*, par Lecœur et Massot.
Belle épreuve imprimée en couleurs.

204 — *La Séparation douloureuse.* — *La Visite du Pasteur.* — *The country clergyman*, par Cardon et Field.
Trois pièces imprimées en couleurs.

WHEATLY (D'après)

205 — *The country girl going a reaping*, par Bartolozzi.

206 — *Christening.* — *The communion*, par Sloans et Suntach.
Deux très belles pièces, imprimées en couleurs.

207 — *The surprise*, par Marcuard, et trois autres pièces.

WHEATLY et **SPILBURY** (D'après)

208 — *Dipping well in Hyde park.* — *Drinking well in Hyde park*, par Godby.
Deux pièces faisant pendants.

WINTERHALTER (D'après)

209 — *The duchess of Gloucester.* — *The duchess of Cambridge.* — *The duchess of Kent.*
Trois belles litho., par Maguire et Lane.

ÉCOLE FRANÇAISE

BAUDOUIN (D'après)

210 — *Le Modèle honnête*, à l'eau-forte, par Moreau-le-Jeune, terminé par Simonet.

211 — *Le Léger vétement*, par Chevillet. (B. 28.)

BOILLY (D'après)

212 — *Les Conseils maternels. — Voilà ma mère, nous sommes perdus*, etc.

> Trois pièces, par Tresca, Chaponnier.

213 — *On nous voit. — Leçon d'union conjugale. — Poussez ferme*, etc.

> Quatre pièces, par Petit, faisant suite.

214 — *Réunion d'artistes*, gravé par A. Clément.

> Deux pièces.

215 — *Première et deuxième Scène des voleurs.*

> Deux pièces faisant pendants, par Gror.

216 — *Que n'y est-il encore. — Honni soit qui mal y pense*, par Bonnefoy et Petit

> Deux pièces.

217 — *Ça ira*, par Mathias.

218 — *La Comparaison des petits pieds. — L'Amant favorisé*, par Chaponnier.

> Deux pièces faisant pendants.

219 — *Qu'elle est gentille*, par Bonnefoy. — *Le Cadeau.*

> Deux pièces faisant pendants.

220 — *Réunion de trente-cinq têtes diverses. — Le Jeu du tonneau.*

> Deux lithographies dont une coloriée.

221 — *Le Jeu de cartes. — Le Jeu de dominos. — Le Jeu de dames*, par J. Maye.

> Trois pièces faisant suite.

BONNET

222 — *Le Déjeuner.*
Imprimé en couleurs.

223 — Têtes imprimées à la façon du pastel.
Deux pièces faisant pendants, imprimées en couleurs.

BOREL (D'après)

224 — *Il étoit temps,* par Hemery. — *La Ratisseuse,*
d'après Krauss.
Deux pièces.

BOSSE (Ab.)

225 — *Le Peintre. — Le Sculpteur.*
Deux pièces.

226 — *La Noblesse française à l'église,* d'après de Saint-
Igny.
Douze pièces et un titre.

227 — *Frontispices. — Illustrations, etc.*
Douze pièces.

228 — *Mariage à la ville. — Mariage à la campagne.*
Cinq pièces.

229 — *Parabole de l'Enfant prodigue.*
Quatre pièces sur six. (G. D. 34-37.)

BOUCHER (D'après)

230 — *Etude,* en sanguine, par Bonnet.

231 — *La Coquette. — Vénus sortant du bain. — Étude.*
Trois pièces, par Daullé, Fessard et Michel.

232 — *Vénus et Énée. -- Le Repos de Diane. — Les
Grâces au bain,* par Courtois, Pelletier et Ryland.
Trois pièces.

BOUCHER (D'après)

233 — *La Marchande d'oiseaux.* — *La Bonne Mère*, etc.,
par Huquier et autres.
Neuf pièces.

234 — *Flore et l'Amour.* — *Vertumne et Pomone.* — *Mademoiselle de *** en habit d'été*, par Saint-Aubin et
Michel.
Trois pièces.

235 — *Groupes d'enfants*, par Huquier, etc.
Dix pièces.

236 — *Les Amours pastorales*, par Duflos.
Deux pièces faisant pendants.

237 — *Le Réveil.* — *Le Sommeil*, etc.
Quatre pièces, par Hacquier fils.

CALLOT

238 — *Siège de Breda.* (M. 510.)
Suite de six planches.

239 — *Siège de La Rochelle.* (M. 511.)
Suite de six pièces.

240 — *Siège du Fort Saint-Martin dans l'île de Ré.*
(M. 522.)
Suite de six pièces.

CHAILLOU (D'après)

241 — *Jupiter et Léda.* — *Diane et Calisto, etc.*
Quatre petites pièces rondes, imprimées en couleurs.

CHALLE (D'après)

242 — *Le Repos interrompu.* — *Le Souvenir agréable*,
par Vidal.
Deux pièces faisant pendants.

CHARDIN (D'après)

243 — *L'Antiquaire.* — *Le Peintre*, par Surugue le fils. (B. 2 et 42.)
Deux pièces faisant pendants.

244 — *Le Dessinateur*, par Flipart. (B. 14.)

245 — *La Pourvoyeuse*, deux épreuves. — *Le Garçon cabaretier*, par Cochin et Lépicié (B. 22 et 45.)
Trois pièces.

246 — *La Ratisseuse*, par Lépicié. (B. 46 A.)

247 — *Le Toton*, par Lépicié. (B. 5o.)
1er état.

CHASSELAT (D'après)

248 — *Paul et Virginie*, par Johannot.
Suite complète de six pièces, imprimées en couleurs.

CHEREAU

249 — *Prie (Agnès Berthelot de Pleneuf, Marquise de)*, d'après Vanloo.
In-folio. Encadrée.

25o — *Sabran (Louise-Charlotte de Foix-Rabat, Mme de)*, d'après Vanloo.
Appuyée sur une balustrade, elle tient un oiseau à la main.

CŒURÉ (D'après)

251 — *Le Matin.* — *Le Midi.* — *Le Soir.* — *Le Minuit*, par Augrand.
Quatre pièces faisant pendants.

COLSON (D'après)

252 — *L'Action.* — *La Sultane.* — *Le Sultan*, par Dupuis et Halbou.
Trois pièces.

COUCHÉ

253 — *L'Amour volage*. — *Vénus pèlerine*.
>Deux jolies petites pièces ovales faisant pendants.

COYPEL (D'après)

254 — Planches pour illustrer *Don Quichotte*, par Cochin, Surrugues, etc.
>Vingt-cinq pièces.

DEBUCOURT

255 — *Passez, payez*. — *Le Coup de vent*. — *Rempailleur de chaises, etc.*
>Cinq pièces, d'après Vernet, en couleurs.

256 — *La Bonne d'enfants en promenade*. — *Anglais en habits habillés*.
>Deux pièces, d'après Vernet, en couleurs.

257 — *La Marchande de cerises*. — *La Toilette d'un clerc de procureur*. — *La Marchande de saucisse*.
>Trois pièces, d'après Vernet, en couleurs.

258 — *Cuirassier français*. — *Garde national à cheval, etc.*
>Quatre pièces en couleurs, d'après Vernet.

DECAMPS (D'après)

259 — *Le Négociant*, par Le Bas. — *L'Enfance*, d'après Dandre-Bardon.
>Deux pièces.

DECOURTIS

260 — *Les Espiègles*, d'après Schall.
>Superbe épreuve avant la lettre, imprimée en couleurs.

DEMACHY (D'après)

261 — *Intérieur de ferme*, par Mixelle.
Deux pièces faisant pendants, imprimées en couleurs.

DEMARNE (D'après)

262 — *La Promenade du matin. — La Promenade du soir.*
Deux pièces faisant pendants, imprimées en couleurs, par Morrel et Alix.

DEMARTEAU

263 — *La Bohémienne. — Jeune Paysanne*, d'après Boucher. (43 et 44.)
Deux pièces, sanguines.

264 — *Têtes aux trois crayons*, d'après Boucher. (149 et 150.)

265 — *Jeune Femme apprenant à marcher à un enfant. — Têtes*, d'après Boucher. (474, 495, 579.)
Trois pièces aux trois crayons.

DROYER (Par et d'après)

266 — *Le Vieux voluptueux. — Le Vieillard mal reçu.*
Deux pièces faisant pendants.

DUFLOS

267 — *Le Dessin. — La Peinture.*
Deux pièces faisant pendants, d'après Aubert et Delarue.

DUVIVIER

268 — *Il y a loin de la pointe du poignard de l'assassin au cœur de l'homme juste. — Grâce au Ciel, il me reste encore deux bras*, etc., par de Machy.
Deux épreuves imprimées en couleurs.

ÉCOLE FRANÇAISE DU XVIIIᵉ SIÈCLE

269 — D'après Bonnart, Basseport, Huet, etc.
Huit pièces.

270 — Chardin, Leclerc, Coypel.
Neuf pièces.

271 — Par Courtin, Coypel, Cochin, etc.
Dix pièces.

272 — Jeaurat, Besnard, etc.
Cinq pièces.

273 — Sanguines, par Leclerc, Bonnet, etc.
Vingt-deux pièces.

274 — *Le Dépit. — Galatée. — L'Absence ressentie.*
Trois pièces imprimées en couleurs.

275 — *Les Délices du printemps. — Les Avantages de l'Été*, etc.
Suite de quatre pièces imprimées en couleurs.

276 — *L'Agréable. — Le Bonjour du matin*, etc.
Quatre pièces imprimées en couleurs.

277 — *La Finesse. — L'Aimable bourgeoise. — Les Visites. — La Jeune Piémontoise.*
Quatre pièces imprimées en couleurs.

278 — *Lindor et Zelia. — S'il cassait.*
Deux petites pièces rondes, imprimées en couleurs.

EISEN (D'après)

279 — *Le Jour*, par Patas.

280 — *La Ramasseuse de cerises. — Le Bât* (contes de La Fontaine), par Juillet.
Deux pièces.

EISEN (D'après Ch.)

281 — *La Vertu sous la garde de la fidélité.* — *Les Désirs satisfaits*, par Le Beau et Patas.
Deux pièces faisant pendants.

FRAGONARD (D'après)

282 — *Ma Chemise brûle*, par Le Grand.

FRAGONARD-BOREL (D'après)

283 — *La Résistance inutile.* — *Il a cueilli ma rose.*
Deux pièces faisant pendants, par Regnault.

FRAGONARD (D'après)

284 — *La Bonne Mère*, gravé par N. de Launay.

285 — *L'Amour ingénieux.* — *Télémaque et Eucharis*, par Furcy.
Deux pièces coloriées, faisant pendants.

FRANÇOIS

286 — *Figures*, d'après Fredou.
Huit pièces imprimées en bistre.

FREUDEBERG (D'après)

287 — *L'Evénement au bal.*
Gravée à l'eau-forte, par Duclos, terminée par Ingouf.

GUYOT (L.)

288 — *Le Papayer de Virginie.* — *Le Sommet du Pouce*, etc.
Quatre petites pièces rondes, imprimées en couleurs.

HUET

289 — *Œuvres complètes*, cahier n° I.
Quinze pièces.

HUET (D'après)

290 — *La Sœur donne les étrennes à son frère.* — *Le Point d'honneur ou le petit duel*, par Bonnet.
Deux pièces imprimées en couleurs.

291 — *L'Amant pressant*, par Legrand.
Imprimée en couleurs, sans marges et encadrée.

292 — *The first pledge of love.* — *Annette et Lubin*, par Bonnet.
Deux pièces faisant pendants.

293 — *La Chute inattendue*, par Marret.
Imprimée en couleurs.

ISABEY

294 — *Sophie Gail.*
Très belle litho.

295 — Divers essais lithographiques, 1818, huit pièces, couverture de publications. — *Voyage en Italie*, quatre pièces.

ISABEY (D'après)

296 — *Le Barbier*, par Aubertin.

JANINET

297 — *Bacchus préside à la fête*, d'après Carême.
Imprimée en couleurs.

298 — *La Jeune Vestale*, d'après Le Barbier.
Imprimée en couleurs.

299 — *L'Oiseau privé*, d'après Greuze.
Imprimée en couleurs avant la lettre.

JAZET (D'après)

300 — *Les Amusements de l'hiver.* — *Les Occupations de l'hiver.*
Deux pièces faisant pendants, imprimées en couleurs.

LANCRET (D'après)

3o1 — *Le Turc amoureux. — La Belle Grecque*, par
G.-F. Schmidt. (B. 15 et 84.)
1er et 2e état, deux pièces.

3o2 — *La Musique champêtre. — La Femme commode.*
Deux pièces, par Fressard et Dupin.

3o3 — *L'Automne. — L'Hiver.*
Deux pièces pour paravent, par Kilian.

3o4 — *Les Troqueurs. — Les Oies de Frère Philippe.—
A Femme avare, galant escroc*, par de Larmessin.
Trois pièces.

3o5 — *Le Repas italien. — Le Jeu de Colin-Maillard*,
par Cochin et Le Bas.
Sans marges, encadrés.

LAVREINCE (D'après)

3o6 — *Le Contre-temps*, par Dequevauviller. (B. 15.)

3o7 — *Le Lever des Ouvrières en modes*, par Dequevauviller. (B. 36.)
État avec le titre seulement.

3o8 — *Les Nymphes scrupuleuses*, par Vidal. (B. 42.)

3o9 — *Les Offres séduisantes*, par Delignon. (B. 43.)

LAVREINCE

3io — *L'Heureux moment.*
Copie en réduction, par Maire, sanguine.

LE BAS

3i1 — *Têtes d'études.*
Dix pièces.

LE NOIR

3i2 — *Avis à la jeunesse.*
Imprimé en couleurs, encadré.

LE PRINCE (Daprès)

313 — *Le Bonheur du ménage. — La Crainte*, par Le
Mire, etc.
Deux pièces.

MARTINET (D'après)

314 — *Les Quatre Saisons.*
Imprimées en couleurs, par Jazet, encadrées.

MARTINI

315 — *Exposition au Salon du Louvre en 1785 et 1787.*
Deux pièces faisant pendants.

MOITTE (D'après)

316 — *Le Jaloux endormi. — L'Infidélité reconnue*, par
Moitte.
Deux pièces faisant pendants.

317 — *La Curiosité punie*, par Deny.

MONDHARE

318 — *Carlin Bertinozzi.*
Portrait ovale, imprimé en couleurs.

MOREAU LE JEUNE (D'après)

319 — *Les Petits Parrains.* (M. 358 et 18.)
A l'eau-forte, par Baquoy, terminés par Patas.

320 — *La Rencontre au Bois de Boulogne*, par Guttem-
berg. (M. 358 et 23.)

321 — *Les Précautions. — Le Pari gagné*, par Martini
et Camligue. (M. 358, 14 et 360, 29.)
Deux pièces.

322 — *Le Lever*, par Halbou. (M. 360, 25.)

323 — *La Petite Toilette*, par Martini. (M. 360, 26.)

MOREAU LE JEUNE (D'après)

324 — *Oui ou non*, par Thomas. (M. 360, 31.)

325 — *Le Seigneur chez son fermier.* — *Le Vrai bonheur*,
par Delignon et Simonet. (360, 32 et 36.)
Deux pièces.

NATTIER (D'après)

326 — *La Terre* (Mme *L. Élisabeth de France*). — *L'Eau*
Mme *M.-I.. Thérèse Victoire de France.*
Deux pièces faisant pendants, par Gaillard et Balechou.

PATER (D'après)

327 — *Le Savetier.* — *La Matrone d'Ephèse.*
Deux pièces, par Fillœul.

328 — *Roman comique.*
Douze pièces de la suite, par Audran, Jeaurat, Lépicié, etc.

PATER ET WATTEAU (D'après)

329 — *L'Essai du bain.* — *Diane au bain*, par Voyez, etc.
Deux pièces.

PRUDHON (D'après)

330 — *Le Coup de patte du chat.* — *La Colombe.*
Deux pièces faisant pendants, par Prudhon fils.

331 — *La Volupté.* — *La Soif de l'or.* — Études de
dessins.
Cinq gravures et litho., par Boilly, Denon, etc.

332 — *La Navigation.* — *L'Industrie.* — *L'Etude*, etc.
Cinq pièces, par Prudhon fils.

RIDÉ

333 — *Audaces fortuna juvat*, d'après Le Barbier.
Curieuse pièce, imprimée en couleurs.

SANGUINES

334 — *Le Maître d'école*, d'après de Troy. — *Les Plaisirs de l'enfance*, d'après Schenau. — *Tableau de la Chapelle du Roi*, d'après Vanloo.
> Trois pièces.

335 — Têtes d'études en sanguine, d'après Greuze, Wille, etc.
> Trois pièces.

336 — Sanguines et trois crayons, par Demarteau.
> Quatre pièces.

SANGUINES

337 — Cahier d'étude, par Demarteau et Bonnet.
> Dix pièces.

SCHENAU (D'après)

338 — *L'Ouvrière en dentelle.* — *La Crédulité sans réflexion*, par Gaillard et Halbou.
> Deux pièces.

SECKAZ (D'après)

339 — *Le Chanteur en foire.* — *Le Marchand du village*, par Romanet.
> Deux pièces faisant pendants.

SICARDI (D'après)

340 — *Ah! quel plaisir.* — *Oh! quelle douleur*, par Mécou.
> Deux pièces faisant pendants.

341 — *Oh! che fortuna!* — *Oh! che Gusto!* — *Come la trovate*, par Bouquet, Copia, etc.
> Trois pièces dont une imprimée en couleurs.

TAUNAY (D'après)

342 — *Annonce d'un heureux retour*, par Baquet.
Imprimée en couleurs. Encadrée.

TRESCA

343 — *Le Printemps. — L'Automne*, d'après Gianni.
Deux pièces faisant pendants, imprimées en couleurs.

TRINQUESSE (D'après)

344 — *L'Irrésolution, ou la Confidence*, par Pierron.
Sans marges.

VERNET (D'après J.)

345 — *Grecque sortant du bain*, par Daullé.
Deux épreuves dont une avant la lettre.

346 — *Les Pêcheurs des monts Pyrénées. — Les Amants à la pêche. -- Les Jetteurs de filets.*
Trois pièces par Le Veau et Coulet.

347 — *Le Soir*, par Aliamot.
Avant la dédicace.

348 — *Vue proche de Gênes. — Incendie d'un port. — Première vue du Levant.*
Trois pièces par Godefroy, Aliamet et Coulet.

WATELET

349 — Eaux-fortes, d'après Pierre, Vien, etc.
Six pièces.

WATTEAU (D'après)

350 — *Les Agréments de l'Eté. — La Perspective*, par Joulain.
Deux pièces, coupées.

351 — *Le Chat malade. — L'Automne. — L'Hiver.*
Trois pièces, par Audran et Liotard.

WATTEAU (D'après)

352 — *L'Indiscret*, par Aubert. — *Vue de Vincennes*, par Boucher.

353 — *L'Enseigne*, par Aveline.
Sans marges.

354 — *Morning amusement*, par Blake.
Pièce ovale en bistre.

355 — *Le Naufrage*. — *Les Enfants de Sylène*. — *Fête au Dieu Pan*, par Aubert, Caylus et Dupin.
Trois pièces.

WATTEAU DE LILLE (D'après)

356 — *Quatorzième expérience aérostatique de M. Blanchard, à Lille, en 1785*. — *Entrée de M. Blanchard et du chev. de Lépinard*.
Deux pièces faisant pendants, par Helman.

357 — *Effets de la ribote*. — *Militaires*.
Deux pièces, par Beurlier.

WILLE (J.-G.)

358 — *La Tricoteuse hollandaise*. — *Les Offres réciproques*. — *La Maréchal-des-logis*.
Trois pièces, d'après Mieris, Ditricy et Wille.

WOLFF (D'après)

359 — *L'Amitié*. — *Les Pommes de terre*.
Deux pièces, par Wolff, frère.

ESCRIME

360 — *Brevet de contre-pointe*. — *Salle d'armes*, etc.
Quatre pièces en couleurs.

361 — *Eon de Beaumont*, par Daniell. — *Proprio morte tuta*. — *Contre note, ou Lettre à Monsieur le marquis L...*
Trois pièces.

ESCRIME

362 — *Portrait du chevalier d'Eon.*
Sept pièces différentes.

363 — *Eon de Beaumont*, par Le Beau, etc.
Sept pièces.

364 — *Eon de Beaumont.*
Deux portraits, par Bradel.

365 — Estampes diverses ayant trait à l'escrime.
Douze pièces.

366 — Portraits de professeurs d'escrime.
Huit pièces.

367 — Quatre pièces ayant trait à la boxe, coloriées.

368 — Cinq pièces, duels au pistolet, coloriées.

369 — *Monsieur de Saint-George.*
Manière noire anglaise.

GOYA

370 — Huit pièces de la Tauromachie.
Retirages.

GRAVURES SUR SOIE

371 — *Danse de Nymphe. — Education de Bacchus.*
Deux pièces rondes, en bistre, faisant pendants.

372 — *Cordellia. — Griselda*, par Bartolozzi, d'après Kauffmann.
Deux pièces faisant pendants, en bistre.

373 — *Triomphe de Vénus. — Offrande à l'Amour*, par Bartolozzi.
Deux pièces en bistre, faisant pendants.

374 — *Le Printemps. — L'Été. — L'Automne et l'Hiver*, d'après Weatly.
Quatre pièces en bistre, faisant suite.

LITHOGRAPHIES

BEAUMONT (D'après E. de)

375 — *Enfantillages.*
Onze lithos, en couleurs.

BELLANGÉ

376 — *Album lithographique*, 11 pl., chez Gihaut frères, 1835.

CHARLET

377 — *Alphabet moral et philosophique*, suite complète de 24 pl., couverture de publication, chez Gihaut frères, 1835.

DEROY

378 — *Les Environs de Paris*, suite de 25 pl., suivie de *Les Rives de la Seine*, 18 pl., à Paris, chez Jeannin, 1831.

379 — *Costumes du Quadrille historique*, un titré et treize lithos, par Devéria, Fleury et autres.

DEVÉRIA

380 — *Henry Herz.* — *Camille Roqueplan.*
Deux pièces.

381 — *Alsacienne.* — *Bressanne.* — *Femme de la cour de Louis XV*, etc.
Onze pièces.

GREVEDON

382 — *Les Femmes cosmopolites.* — *Le Prix de sagesse.*
— *Artisane,* etc.
    Une couverture et neuf pièces.

383 — *Mosaïque de costumes ou alphabet étranger.*
    Dix-huit pièces et un titre.

LE POITEVIN

384 — *Diablerie,* douze pièces. — *Récréation diabo-
lico-fantasmagorique.*
    Sept pièces.

385 — *Les Diables de lithographies.*
    Douze pièces, deux couvertures.

386 — Huit sujets divers par Marlet, six vues par Hos-
tein, couverture de publication.

LUCAS DE LEYDE

387 — *Histoire de la création et de la chute du premier
homme.* (B. 1 à 6.)
    Manque pl. 2. Cinq pièces.

388 — *Les quatre Évangélistes, représentés à mi-corps*
(B. 100 à 103.)
    Manque Saint Luc. Trois pièces.

389 — *Les sept Vertus.* (B. 127 à 133.)
    Sept pièces.

390 — *La Vieille avec la grappe de raisins.* (B. 151).
    Une des meilleurs pièces du maître.

391 — *Portrait de l'Empereur Maximilien Ier.* (B. 172).
    C'est la pièce la plus considérable que le maître ait gra-
vée de cette sorte.

392 — *Portrait d'un Jeune Homme.* (B. 174.)

REDOUTÉ

393 — Choix des plus belles fleurs, etc.
  142 pl. en couleurs et 17 pages de texte reliées, in-4°.

MARINE

394 — *Marine militaire* ou recueil des différents vaisseaux qui servent à la guerre, etc., par Ozanne.
  50 pl. reliées, couverture velin, in-8°.

395 — *Marine*, lot de trente pièces environ, ayant trait à la marine.

MÉDECINE

396 — *Portraits de Delebœe*, par Van Dalen. — *Cureau de la Chambre*, par Morin. — *Deshais-Gendron*, par Daullé.
  Trois pièces.

397 — Lot de cent trente différents portraits très curieux de médecins.

398 — *Sourds-muets.* — *L'Abbé de l'Eppée.* — *L'Abbé Sicard.* — *Desenne*, etc.
  Quinze pièces.

399 — *Vue des hôpitaux de Paris*, par Guyot, etc.
  Onze pièces en noir et en couleurs.

400 — *Portraits de vieillards célèbres.*
  Treize pièces.

MÉDECINE (Pièces relatives à la)

401 — *L'Opérateur Bari*, par Balechou, d'après Jeaurat.

402 — *Le Docteur alchimiste.* — *Une Jeune femme malade*, etc.
  Douze pièces.

MÉDECINE (Pièces relatives à la)

403 — *De tous les maux auxquels les hommes sont sujets*, etc., par André Paul.

Curieuse pièce du xviie siècle, sur les dentistes.

404 — Vingt pièces, divers.

405 — *Jacob naissant tient Esaü par le talon*, vieux bois. — *Nativité de Saint Jean-Baptiste*, etc.

Trois pièces curieuses sur les naissances.

406 — *Le Baume d'acier. — Easing the toothach*, etc.

Seize pièces caricatures sur les dentistes.

407 — Caricatures sur la médecine.

Seize pièces.

408 — Caricatures sur la médecine.

Huit pièces.

409 — Caricatures anglaises, sur les squelettes. — Port. d'Ant. Seurat, squelette vivant en 1825, etc.

Cinq pièces en couleurs.

410 — Caricatures anglaises.

Six pièces coloriées.

MENZEL (D'après)

411 — *Aus Kënig Friedrich's Zeit.*

Douze xylogliphes par Kretzschmar. Berlin Wagner, 1886, in-fol.

MONTCORNET

412 — *Portraits de personnages féminins.*

Douze pièces et un titre.

MULLER (Fr.)

413 — *Da gerieth ich am Tage des Herrn*, etc., etc., d'après Dominichino.

NAPOLÉON (Gravures relatives à)

414 — *Bonaparte, premier Consul de la République française*, d'après Boilly, par Levachez; dans le bas de l'estampe, « Revue du Quintidi ».
Belle pièce imprimée en couleurs.

415 — *Bonaparte, accompagné du général Berthier, à la bataille de Marengo*, d'après Boze, par Cardon.

416 — *Bonaparte*, d'après Le Dru, par Coqueret.

417 — *Bonaparte, premier Consul*, par Moret, d'après Appiani.
Imprimé en couleurs.

418 — *Bonaparte*, par Villeneuve. — *La Paix conduit Bonaparte à l'immortalité*, d'après Lemonnier.
Deux pièces.

419 — *Napoléon le Grand*, d'après C. Vernet, par Simon. — *Napoléon*, d'après P. Delaroche, par Kletzer.
Deux pièces.

420 — *Quatre Portraits de l'Impératrice Marie-Louise*, par Isabey et autres.

421 — *Pie VII donnant le baiser à l'Empereur le jour de son couronnement. — Le Saint Père assis sur un trône le jour du couronnement de l'Empereur.*
Deux curieuses gravures coloriées, publiées par Jean.

422 — Quatre portraits différents de l'*Impératrice Joséphine.*

423 — *Bataille des Nations à Leipsig*, par Rugendas.
Curieuse estampe coloriée.

424 — *Bataille de Stockach*, par Rugendas.
Estampe coloriée.

425 — *Vue de la droite du champ de bataille de l'armée Russe devant Preussisch-Eylau*, d'après Lejeune, par Lamau et Misbach.

NAPOLÉON (Gravures relatives à)

426 — *Vue de la Grande Parade de l'Empereur,* d'après Nodet, par Le Grand.

427 — Cinquante trois lithographies représentant les principales épisodes de la .ie de Napoléon.

NAPOLÉON (Caricatures sur)

428 — *Le Jour de barbe. — Carnaval de 1814. — Le Printemps ou le Retour de la violette,* etc.
   Six caricatures coloriées.

429 — *Le Commencement et la fin. — C'est la Cravate à papa,* etc.
   Six caricatures coloriées.

43o — *La Consultation. — Suite de la Promenade au Palais-Royal. — La Fin du monde,* etc.
   Six caricatures coloriées.

431 — *The grand bubble. — The wags of Paris. — Tiddy Doll.,* caricatures angl., par Gilbray et autres, sur Napoléon.
   Trois pièces.

432 — *The rival gardeners. — An imperial Bonne bouche. — Fighting for the Dunghill,* etc.
   Quatre caricatures coloriées.

433 — *Confort's of a bed of roses — Corsican Pest. — A pleasant draught.*
   Trois caricatures angiaises coloriées.

NAPOLÉON (Généraux de)

434 — *Augereau. — Beurnonville. — Kléber. — Hoche. Pichegru. — Masséna,* d'après Ledru et Boilly, par Cocqueret et Alix.
   Six pièces, beaux portraits en pied.

NAPOLÉON (Généraux de)

435 — *Andreossy. — Bernadotte. — Ferino. — Kléber*, etc.

    Dix portraits, d'après Guérin, par Fiesinger et autres.

436 — *Bertrand. — Drouot. — Lasalle. — Beauharnais*, d'après Aubry et Dusaulchoy, par Charon.

    Quatre pièces.

437 — *Brune*, d'après Harriet, par Tassaert.

438 — *Pichegru. — Pajol. — Moreau*, etc.

    Sept portraits, par Isabey, Le Fèvre, etc.

439 — *Godoy. — Hoche. — Pichegru*, d'après Steven et autres, par Allard et Fiesinger.

    Trois pièces.

PETITOT (D'après)

440 — *Veduïa del Boschetto d'Arcadia.*

    Deux pièces faisant pendants, par Volpato, pièce curieuse sur les ballets.

PORTRAITS

441 — Soixante-dix portraits, par Moncornet, reliés.

RELIGIEUX

442 — Lot de soixante-dix sujets religieux.

RÉVOLUTION

443 — *The Martyr of equality.*

    Deux pièces coloriées intéressantes sur la décapitation de Louis XVI.

444 — *Constitution de l'Assemblée Nationale*, par J.-M. Moreau. — *Serment prêté dans le Jeu de Paume, à Ve sailles.*

    Deux pièces.

RÉVOLUTION

445 — *Serment civique de Saint-Étienne-du-Mont*, par
Guyot.
    Imprimé en couleurs.

446 — *Tableaux* de la Révolution française ou collection
de gravures, etc.
    60 livraisons, ouvrage probablement complet, sauf les por-
traits. Beaucoup de planches avant la lettre.

447 — *Liberté.* — *Égalité*, d'après Moitte, par Janinet.
Deux pièces faisant pendants. — *La Liberté*, par
Pointeau.
    Trois pièces.

448 — *Journée du 10 Août 1792.* — *Journée du 21 jan-
vier 1793.* — *Journée du 16 Octobre 1793.*
    Trois pièces représentant des épisodes de la Révolution.

449 — *Première Attaque et Prise de la Bastille.* — *Projet
d'une place sur l'emplacement de la Bastille.* — *Projet
de médailles.*
    Trois pièces.

450 — *Loiserolles sauvé par son père.* — *Condorcet se
donnant la mort.* — *Cécile Renaud*, etc.
    Cinq pièces.

451 — *Serment fédératif du 14 juillet 1790*, par Lecœur,
d'après Swebach.
    Épreuve non terminée.

452 — *Vue perspective du Champ de Mars*, par Chapuy,
d'après Le Roi.
    Imprimée en couleurs, déchirure.

453 — *Vue générale de la Fédération française.* — *Première Fédération générale des 83 départements de la
France, qui a eu lieu le 14 juillet 1790.*
    Deux pièces in-folio.

454 — *Serment fédératif du 14 juillet 1790*, par Le
Cœur, d'après Swebach.

RÉVOLUTION

455 — Sujets divers ayant trait à la Révolution.
Neuf pièces.

456 — *L'Égalité. — La Liberté*, deux petites pièces rondes, imprimées en couleurs. — *Seul Rejeton d'un Roi*, etc.
Cinq pièces.

457 — *Commandements de la patrie. — Acte constitutionnel. — Déclaration des Droits de l'Homme*, etc.
Six pièces.

458 — *Papier-monnaies de la République française. — Règle pour le droit de patente*, etc.
Huit pièces.

459 — *Départ de la milice bourgeoise pour Versailles. — Entrée du Roi à Paris*.
Deux pièces en couleurs faisant pendants.

460 — *Monument découvert à Herculanum. — Titre XIV de la Constitution. — Costumes*.
Neuf pièces.

461 — *Honneurs rendus à la pauvreté. — La Liberté triomphante. — Serment du 17 juin 1789*, etc.
Cinq pièces.

462 — *P. Manuel, procureur de la commune de Paris en 1792*, par Alix, d'après Ducreux.
Imprimée en couleurs.

463 — *Necker*, par Saint-Aubin, Crepy, etc.
Trois pièces.

464 — *Portrait de Necker*.
Imprimé en couleurs, par Sergent, d'après Duplessis.

465 — Neuf portraits différents de Monsieur et Madame Necker.

466 — *L'Heureuse administration. — Le Temps ramène l'Abondance. — Allégorie*, etc.
Quatre pièces.

RÉVOLUTION

467 — *Le Retour désiré. — Pacte tacite. — Action courageuse du citoyen Mandement.*
Trois pièces en bistre.

468 — *Portraits de J.-J. Rousseau et Vues du tombeau dans les Jardins d'Armenonville.*
Douze pièces.

469 — *Départ des trois ordres pour Versailles. — Les Trois brigands du Nord. — Législateur futur, etc.*
Six pièces symboliques et caricatures coloriées.

470 — *Liste de MM. les députés du clergé. — Eh! l'abbé, prend bien garde à la lanterne. — Le Grand mal de cœur de Monseigneur, etc.*
Six caricatures coloriées.

471 — *Étrennes aux patriotes. — Par moi vous êtes tous frères. — Polichinelle vainqueur des aristocrates.*
Cinq caricatures.

472 — *Le 13 avril 1790. — Le Départ des collègues. — La Pelle au c..., etc.*
Cinq caricatures.

473 — *La Bonne justice. — Le Grand abus.*
Deux jolies petites caricatures faisant pendants, fond teinté rouge, très rares.

474 — *Le Cauchemar de l'aristocratie. — Le Geova de Français. — La République triomphante, etc.*
Six pièces, par Darcis, Copia, Demonchy.

475 — *Don Isachar, grand inquisiteur. — Grognard, dit le sanguinaire. — Brise-fer, capitaine, etc.*
Cinq caricatures coloriées.

476 — *L'Abbé Casse. — L'Abbé Trave. — Chassez le naturel, il revient au galop.*
Sept caricatures coloriées.

RÉVOLUTION

477 — *Une Femme de condition fouettée. — De la Milice délivrez-nous. — Ah! quelle affreuse bourrasque*, etc.

Cinq caricatures coloriées.

478 — *Il faut espérer q'eu's jeu-là finira ben tôt. — Je les donne au diable de bon cœur*, etc.

Neuf caricatures, plusieurs coloriées.

479 — *Saute Marquis... et toi Hipocrite. — Le Modéré ou l'avocat du peuple*, etc.

Six pièces.

480 — *Ségur traité comme il le mérite. — Le Peintre amoureux de son modèle. — Halte-là! monstres*, etc.

Cinq pièces.

481 — *Il faut espérer que ce jeu là finira bientôt. — J'savons ben qu'j'aurions not' tour*, etc.

Cinq pièces coloriées.

482 — *Le Jeu de quilles. — Le Français d'aujourd'hui. — M... r. l'Ane comme il n'y en a point*, etc.

Huit caricatures.

483 — *Naissance des aristocrates. — Déménagement du clergé.*

Cinq caricatures coloriées.

484 — *La Culbute. — Cri-Cri français. — Patience, Margot, j'auront bientôt 3 fois 8*, etc.

Six caricatures coloriées.

485 — *La Réunion fait la force. — Patience..., ça ira; y n'faut qu'sentendre. — The apotheosis of Hoche*, etc.

Cinq pièces.

486 — *Quand sera la poule au pot. — Garde-chasse au grenoilles. — Réveil du Tiers-État*, etc.

Cinq pièces.

RUSSIE

487 — *Alexandre Ier*, d'après Volkoff, par Meyer.

488 — *Alexandre Ier, empereur.*
Neuf portraits différents.

489 — *Élisabeth Petrowna, impératrice,* par Wagner,
d'après Amiconi.

490 — *Marie Foederowna de Wurtemberg.*

491 — *Paul Ier,* par Schiavonetti. — *Prince Potemkin,* par
Mansfeld. — *Konovnitzin,* d'après Saint-Aubin, etc.
Cinq pièces.

492 — *Pierre le Grand,* par J. Smith, d'après Kneller.
Manière noire.

493 — *Pierre le Grand. — Pierre Second. — Witgens-
tein,* etc.
Dix-neuf pièces.

494 — *Pierre Feodorowitech,* d'après Groth.

495 — *Counte Platoff,* par Say, d'après Philips.
Mezzo-tinto.

496 — *Platoff. — Woronowo. — Volkonsky. — Witt-
genstein,* etc.
Douze pièces.

497 — *Miss Platoff,* par Godby, d'après Svinin.

498 — *Peter John, prince Potemkin, ambassadeur en
Angleterre en 1682,* par White, d'après Kneller.
Très rare.

499 — *Pouchkin (Alexis comte de Moussin),* par Klau-
ber, d'après Lampi.

500 — *Suwarow,* par Goed, d'après Kalichew.
Mezzo-tinto.

501 — *Impératrices de Russie.*
Onze portraits différents.

RUSSIE

502 — *Vues de Russie.*

Vingt-quatre pièces en noir et en couleurs.

503 — Sujets, vues, portraits russes.

Trente-quatre pièces.

504 — *L'Entrée d'une partie des Alliés à Paris. — A russian Dandy*, etc.

Quatre caricatures coloriées.

505 — *Le Gâteau des Rois*, d'après Moreau le Jeune, par Le Mire.

SUISSE

506 — *Voyage pittoresque aux lacs de Zurich, Zoug, Lowertz, Egeri et Wallenstadt.* A Zurich, chez Orell, Fussli, 1819.

Ouvrage contenant 10 vues en couleurs, d'après Wetzel et 48 pages de texte in folio; cartonnage original, très rare. (Cet ouvrage peut être réuni avec les deux suivants.)

507 — *Voyage pittoresque au lac des Waldstettes ou des IV Cantons.* A Zurich, chez Orell, Fussli, 1820.

Ouvrage contenant 33 pages de texte et 10 gravures en couleurs, d'après les dessins de Wetzel, très rares. Cartonnage original.

508 — *Voyage pittoresque au lac de Genève ou Leman.* Zurich, chez Orell, Fussli, 1820.

Ouvrage orné de 10 vues en couleurs, d'après les dessins de Wetzel; 44 pages de texte, cartonnage original. In-folio. Très rare.

509 — *Merkwürdige Prospeckte aus den Schweizer-Gebürgen und derse bern Beschreibung.* 1re édition, à Berne, chez Wagner, 1776.

Ouvrage contenant 11 planches en couleurs, d'après les dessins de Wolff et 18 pages de texte. Broché in-folio.

SUISSE

510 — Nouvelles collections des Costumes suisses, d'après les dessins de Koenig, Lory, etc. Zurich, chez Fuessli, vol. in-16.

511 — Album contenant vingt-six planches, costumes suisses coloriés, par Lory et autres.

512 — Lot de onze pièces, études de paysages, par Calame.

513 — Vues et costumes en couleurs suisses.
Cinquante et une planches cartonnées.

514 — Vues diverses suisses, une centaine.

515 — Lot d'une centaine de diverses vues suisses.

THÉATRE

516 — *Recherches* sur les costumes et sur les théâtres de toutes les nations, tant anciennes que modernes, par Jean-Ch. Le Vacher de Charnois. 1re édition de 1790. (B. vol. IV, p. 1135.)

517 — *Recherches* sur les costumes et sur les théâtres de toutes les nations, etc. — Portrait de Ch. Le Vacher de Charnois.
Cinquante-trois planches imprimées en couleurs, par Alix, Ridé, d'après Chéry et Violet. Rare.

VENDÉE

518 — *Cadoudal.* — *Stofflet.* — *Prince de Talmont, etc.*
Quatre pièces, portraits à la fleur de lys.

519 — *Le Prince de Talmont.* — *Comte de Frotté.* — *Stofflet.* — *Marquis de Lescure,* portraits à la fleur de lys.
Quatre pièces.

520 — *Le Porte-Drapeau.* — *Le Maréchal ferrant.*
Deux pièces, par Copia, d'après Boilly et Sablet.

VUES

521 — Vues de Paris.
Quinze pièces imprimées en couleurs.

522 — Vues de Paris.
Imprimées en couleurs, trente-quatre pièces, par Le Campion et Janinet.

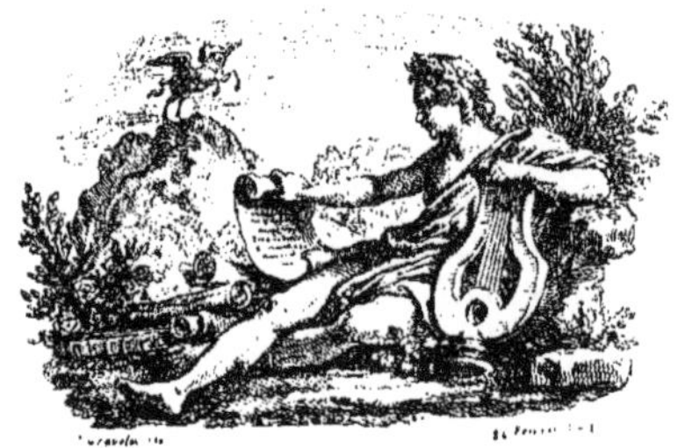

9 782329 543555